BEI GRIN MACHT SICH IHR
WISSEN BEZAHLT

- Wir veröffentlichen Ihre Hausarbeit,
  Bachelor- und Masterarbeit

- Ihr eigenes eBook und Buch -
  weltweit in allen wichtigen Shops

- Verdienen Sie an jedem Verkauf

Jetzt bei www.GRIN.com hochladen und kostenlos publizieren

Die Haltung von König Theoderich gegenüber den Juden von Genua

Fanny Wenk

Bibliografische Information der Deutschen Nationalbibliothek:

Die Deutsche Nationalbibliothek verzeichnet diese Publikation in der Deutschen Nationalbibliografie; detaillierte bibliografische Daten sind im Internet über http://dnb.d-nb.de abrufbar.

ISBN: 9783346419446
Dieses Buch ist auch als E-Book erhältlich.

© GRIN Publishing GmbH
Nymphenburger Straße 86
80636 München

Druck und Bindung: Books on Demand GmbH, Norderstedt Germany
Gedruckt auf säurefreiem Papier aus verantwortungsvollen Quellen

Das vorliegende Werk wurde sorgfältig erarbeitet. Dennoch übernehmen Autoren und Verlag für die Richtigkeit von Angaben, Hinweisen, Links und Ratschlägen sowie eventuelle Druckfehler keine Haftung.

Das Buch bei GRIN: https://www.grin.com/document/1035260

Inhalt

1 Einleitung

„Eine Religion können wir nicht verordnen, denn niemand wird gezwungen, wider Willen zu glauben.“[1]

Dieses Zitat stammt aus einem amtlichen Schreiben von König Theoderich an die Juden von Genua.[2] Dass Theoderichs Politik im Allgemeinen tolerant war, gilt in der Forschung als recht gesichert.[3] Dennoch muss seine aus dem Brief hervorgehende, anscheinend tolerante Haltung gegenüber den Juden zur Disposition gestellt werden. Denn bei genauerer Betrachtung der Quelle wird deutlich, dass Theoderichs Haltung zur jüdischen Minderheit durchaus Ambivalenzen barg. Es scheint, dass einige Elemente aus dem Schreiben Untersuchung bedürfen, um näherungsweise die Ergründung von Theoderichs Motiv zu ermöglichen. Daher soll im Rahmen dieser Arbeit der Frage nachgegangen werden, warum er sich gegenüber den Juden so positionierte, wie es aus dem Brief an die Juden von Genua ersichtlich wird. Mit der Analyse wird ein Teilbeitrag zum Gesamtverständnis der Judenpolitik des Amalers geleistet.

Da die zentralen Quellen wie der Zeitgenosse Flavius Magnus Aurelius Cassiodorus Senator und sein Werk *variae* nur bedingt aussagekräftig sind,[4] soll zur Beantwortung dieser Fragen in erster Linie auf die aktuelle Forschung und deren Theorien zurückgegriffen werden. Hier sind vor allem Noethlichs mit seinen beiden Werken zur Gesetzeslage der Juden im spätantiken Imperium Romanum,[5] und Brennecke mit dem Aufsatz „Imitatio – reparatio – continuatio. Die Judengesetzgebung im Ostgotenreich Theoderichs des Großen als reparatio imperii?“ zu nennen.[6]

Im Folgenden wird nun zuerst die Quelle *variae* vorgestellt und problematisiert, um dann chronologisch den Entwicklungsprozess der Gesetzgebung in Bezug auf die Juden und ihre Gebetshäuser in der Spätantike zu skizzieren. Dazu wird die rechtliche Stellung der Juden in der zu analysierenden Situation kurz benannt. Im Anschluss sollen anhand verschiedener Ideen und

---

[1] Cassiod. Var. II, 27, 2, übersetzt von Dinzelbacher, Peter: Briefe des Ostgotenkönigs Theoderich der Große und seiner Nachfolger. Aus den „Variae" des Cassiodor. Heidelberg 2010, S. 138.
[2] Der Herrscherbegriff Theoderichs ist umstritten. Siehe bspw.: Goltz, Andreas: Barbar-König-Tyrann. Das Bild Theoderichs des Großen in der Überlieferung des 5. Bis 9. Jahrhunderts. Berlin 2008 (Millennium-Studien 12).
[3] Arnold, Jonathan J.: Theoderic and the Roman Imperial Restoration. New York 2014, S. 74.
[4] Im Folgenden wird die deutsche Schreibweise für Cassiodorus verwendet.
[5] Vgl. Noethlichs, Karl L.: Das Judentum und der römische Staat. Minderheitenpolitik im antiken Rom. Darmstadt 1996; Vgl. Noethlichs, Karl L.: Die Juden im christlichen Imperium Romanum. 4. – 6. Jahrhundert. Berlin 2001 (Studienbücher Geschichte und Kultur der Alten Welt).
[6] Vgl. Brennecke, Hanns C.: Imitatio-reparatio-continuatio. Die Judengesetzgebung im Ostgotenreich Theoderichs des Großen als reparatio imperii?. In: ZAC 4,1 (2000), S. 133-148, URL: https://www.degruyter.com/document/doi/10.1515/zach.2000.4.1.133/html (Aufruf am 18.02.2021).

Theorien mögliche Erklärungen für Theoderichs Motiv dargestellt und in ihrer Plausibilität und Erklärungskraft abgewogen werden. Auf diese Weise wird Theoderichs Reaktion auf das Gesuch der Juden von Genua begründet. Am Ende dieser Arbeit sollen dann die Ergebnisse über die Judenpolitik Theoderichs, die sich in der Quelle abzeichnet, summiert, und abschließend bewertet werden.

2   Die Quelle – Cassiodors *variae*

Zunächst soll die Quelle im Allgemeinen vorgestellt werden. Die *variae* ist eine Sammlung amtlicher Schriften, die sich in zwölf Bücher mit insgesamt 468 offiziellen Dokumenten gliedert.[7] Diese behandeln verwaltungstechnische und politische Themen, gestalten sich also thematisch recht vielfältig.[8] Dass die *variae* nach 540 n. Chr. veröffentlicht wurde ist wahrscheinlich, wenngleich der genaue Entstehungszeitpunkt nicht eindeutig festzustellen ist.[9] Sicher ist jedoch, dass Cassiodor die Verlautbarungen während seiner Zeit als Quästor, *magister officiorum* und *praefectus praetorio*,[10] innerhalb des 6. Jahrhunderts verfasste. Die meisten enthaltenen Dokumente schrieb er im Auftrag der Ostgotenkönige.[11]

Cassiodor war ein in den 480er Jahren geborener Rhetoriker und Autor, der aus einer süditalischen Familie stammte.[12] Da er erst nach Beginn der ostgotischen Invasion geboren wurde,[13] hat er selbst keine Erfahrung in der Zeit vor Theoderich sammeln können und bildete deshalb seine Meinung auf der Grundlage des Wissens seiner Familienmitglieder. Diese profitierten als

---

[7] Goltz, 2008, S.343; Arnold, Jonathan J.: Theoderic and the Roman Imperial Restoration. New York 2014, S. 46.

[8] Gatzka, Friederike: Cassiodor, Variae 6. Einführung, Übersetzung und Kommentar. Berlin 2019 (Untersuchungen zur antiken Literatur und Geschichte 132), S. 12.

[9] Ebd., S. 9. Vgl. Kakridi, Christina: Cassiodors Variae. Literatur und Politik im ostgotischen Italien. München 2005 (Beiträge zur Altertumskunde 223), S. 140; Bjornlie, Michael S.: Politics and tradition between Rome, Ravenna and Constantinople. A study of Cassiodorus and the Variae 527-554. Cambridge 2013 (Cambridge studies in medieval life and thought 89), S. 19-20.

[10] Siehe: Gizewski, Christian: s.v. cursus honorum. In: DNP 3 (1997) Sp. 243-245; Jones, Arnold H. [u.a.]: s.v. magister officiorum. In: OCD⁴ (2012), URL: https://www.oxfordreference.com/view/10.1093/acref/9780199545568.001.0001/acref-9780199545568-e-3870 (Aufruf am 18.02.2021); Campbell, John B. [u.a.]: s.v. praefectus praetorio. In: OCD⁴ (2012), URL: https://www.oxfordreference.com/view/10.1093/acref/9780199545568.001.0001/acref-9780199545568-e-5298 (Aufruf am 18.02.2021).

[11] Gatzka, 2019, S. 6; Barnish, Samuel J.: Cassiodorus. Variae. Liverpool 1992, S. xiv. Hier wird die Entstehungszeit auf 507/511-533/537 datiert.

[12] Goltz, 2008, S. 342.

[13] Der Begriff „Goten" ist mit Rücksicht darauf zu verwenden, dass er keine klar definierbare Gruppe beschreibt. Siehe Pohl, Walter: Gotische Identitäten. In: Theoderich der Große und das gotische Königreich in Italien. Hrsg. von Wiemer, Hans-Ulrich. Berlin, Boston 2020 (Schriften des Historischen Kollegs. Kolloquien, 102), S. 315-399.

Süditaliener tendenziell eher von der Krise im 5. Jahrhundert,[14] weswegen ihr Bild von der Herrschaft der Ostgoten positiv war.[15] Cassiodor machte am Hofe Theoderichs Karriere. Zu seinen Aufgaben als Staatsmann zählte es, Werke im Auftrag des Königs zu veröffentlichen, Erlässe zu verfassen und diese rhetorisch und literarisch aufzupolieren, um Theoderich die Kommunikation mit jeglichen Akteuren zu erleichtern.[16] Darüber hinaus besaß Cassiodor von Haus aus aristokratische Verbindungen im Königreich, die ebenfalls nützlich für den ostgotischen König gewesen sein dürften. Da es Cassiodors Aufgabe war, im Auftrag Theoderichs zu schreiben,[17] ergeben sich Konsequenzen für die *variae* als Quelle. Zunächst ist bei der Betrachtung der *variae* zu berücksichtigen, dass die enthaltenen Dokumente absichtlich von Cassiodorus gesammelt wurden, da sie veröffentlicht wurden.[18] Laut Bjornlie unterlege die Sammlung einem gewissen Überarbeitungsprozess und liefere daher keine authentische Darstellung realer Personen.[19] Auffällig ist hier die durchweg positive Darstellung des Theoderich.[20] Dies ist konträr hinsichtlich der Tatsache, nach der sich das positive Theoderich-Bild auch in anderen zeitgenössischen Quellen wiederfinden lässt, was für die Plausibilität dieses Aspektes in der *variae* spricht.[21]

Auch kann der Inhalt der Dokumente nicht präzise Theoderich oder Cassiodor als geistigem Urheber zugeordnet werden. Cassiodor schrieb im Namen Theoderichs, weswegen die Schwierigkeit in der Interpretation entsteht eine klare Trennlinie zwischen den jeweiligen Positionen zu ziehen. In der Forschung wird davon ausgegangen, dass Theoderich den Inhalt bestimmte und Cassiodor diesen formulierte.[22] Diese Annahme wird gestützt durch eine Quelle, die von einer anderen Person als Cassiodor geschrieben wurde und dieselben ideologischen Grundzüge aufweist.[23]

---

[14] Siehe Brandt, Hartwin: Das Ende der Antike. Geschichte des spätrömischen Reichs. München⁵ 2017 (Beck'sche Reihe 2151).
[15] Arnold, 2014, S. 38-39.
[16] Goltz, 2008, S. 342; O'Donnell. James J.: Cassiodorus. Berkeley [u.a.] 1979, S. 58-59.
[17] Arnold, 2014, S. 42; O'Donnell, 1979, S. 60.
[18] Arnold, 2014, S. 54.
[19] Vgl. Bjornlie, 2013, S. 19-26.
[20] O'Donnell, 1979, S. 68; Arnold, 2014, S. 47.
[21] Ennod. Paneg.; Jord. Get. Siehe dazu Gruber, Joachim: Rezension zu: Goltz, Andreas: Barbar - König - Tyrann. Das Bild Theoderichs des Großen in der Überlieferung des 5. bis 9. Jahrhunderts, Berlin 2008. In: Plekos (2009). URL: https://www.propylaeum.de/recensio-antiquitatis/rezensionen/zeitschriften/plekos/11-2009/ReviewMonograph554354175 (Aufruf am 19.02.2021).
[22] Goltz, 2008, S. 343; Brennecke, 2000, S. 147; Bjornlie, 2013, S. 4.
[23] Epistulae Theodericianae Variae; Acta Synhodorum Habitarum Romae.A. CCCCXVIIII.DI.DII; Arnold, 2014, S.47.

Jedoch dient die *variae* als seltenes Zeugnis der Herrschaftsweise und des Herrschaftsverständnis Theoderichs aus seiner Herrschaftszeit. Denn das Leitmotiv aller amtlichen Dokumente sei, so stellt Brennecke fest, Theoderichs Regierungsprogramm, also der Anschluss an die römische imperiale Tradition.[24] Daher stellt auch Goltz fest, dass die *variae* von Cassiodor als seltene Quelle zentral für die Untersuchung der Geschichte Theoderichs sei.[25]

Im Folgenden soll nun die Quelle *variae II, 27* im Hinblick auf die Judenpolitik Theoderichs analysiert werden. Es handelt sich um einen Brief, den Cassiodor im Auftrag des Königs Theoderich an die in Genua lebende jüdische Bevölkerung adressiert hat. Theoderich reagiert dabei auf ein Gesuch der Juden von Genua, ihre Synagoge erneuern zu dürfen.[26] Die Entstehung des Buches II wird zeitlich der Periode 507-511 zugeordnet, in der Cassiodor das Amt des Quästors innehatte. Eine genaue Datierung der Quelle ist jedoch nicht möglich.[27]

3   Theoderichs Entscheidung

3.1   Die Entwicklung der gesetzlichen Lage der Juden im Reich

Die rechtlich privilegierte Stellung der Juden als nicht-christliche Religionsgemeinschaft im spätantiken Imperium Romanum blieb ihnen im Prinzip trotz der Herrschaftswechsel erhalten.[28] Dies spiegelt auch die Quelle wider: Theoderich bezieht sich in seinem Antwortbrief ausdrücklich auf die gesetzliche Lage der Juden in seinem Reich.[29] Inwieweit man an dieser Stelle von einer Privilegierung sprechen kann, und vor welchem Erfahrungshorizont Theoderich hier handeln konnte, soll in diesem Kapitel untersucht werden. Im folgenden Abschnitt wird dafür zunächst der Gesetzgebungsprozess in Bezug auf Synagogen skizziert.

Wie sich die Judengesetze seit Konstantin dem Großen entwickelt hatten, sollte der *Codex Theodosianus*, eine chronologische Gesetzessammlung von Theodosius II., aufzeigen.[30] Er erschien im Jahr 439 und stellt im Allgemeinen eine verlässliche Quelle da, wenngleich er

---

[24] Vgl. Brennecke, 2000, S. 139.
[25] Vgl. Goltz, 2008, S. 342.
[26] Cassiod. Var. II, 27.
[27] Gatzka, 2019, S. 7.
[28] Noethlichs, 2001, S. 93; Brennecke, Hanns C.: Ipse Haereticus favens Judaeis. Homöer und Juden als religiöse Minderheiten im Ostgotenreich. In: Theoderich der Große und das gotische Königreich in Italien. Hrsg. von Wiemer, Hans-Ulrich. Berlin, Boston 2020 (Schriften des Historischen Kollegs. Kolloquien, 102), S. 155-174. In diesen Werken finden sich weiterführende Informationen über die generelle Stellung der Juden.
[29] Cassiod. Var. II, 27, 1.
[30] Noethlichs, 2001, S. 101-102.

aufgrund von Kürzungen und Zerteilungen an Aussagekraft einbüßt.[31] Im *Codex Theodosianus* sichert der Kaiser den Juden im Jahre 409 zunächst den staatlichen Schutz der Synagogen zu und verbietet sechs Jahre später deren Neubau.[32] Dies zeigt, dass sich nun die rechtliche Lage der Juden im Reich verschlechterte. Sie spitzte sich im weiteren Verlauf zu: Im Jahr 423 verbot Theodosius II zusätzlich jegliche Veränderung an den bestehenden Synagogen.[33]

Im Anschluss an den *Codex Theodosianus* wurde die *Theodosianische Novelle* verfasst. Die vermutlich aus dem Jahr 438 stammende 3. Novelle beinhaltet unter anderem die Lockerung des Verbots der Veränderung an den bestehenden Synagogen und erlaubt, dass baufällige Synagogen repariert werden dürfen. Die Begründung dafür, dass nur akut baufällige Synagogen abgestützt werden durften, neue Synagogen zu bauen aber verboten war, war der „falsche" Glaube der Juden, wie im vorangehenden Paragrafen ausgeführt wird.[34]

Brennecke glaubt in den Verboten Theodosius II. einen zunehmend schikanösen Zug gegenüber den Juden zu erkennen,[35] wohingegen Noethlichs dazu mahnt, diese Einschränkungen des Rechts in den Gesamtkontext der religiösen und politischen Prozesse zu setzen.[36] Die genaue Absicht lässt sich den Quellen nicht entnehmen.

Dass Theoderich sich, als er den Wiederaufbau der Synagoge in Genau gestattete, wohl an der Rechtsgrundlage des *Codex Theodosianus* orientiert haben muss, gilt in der Forschung als recht gesichert.[37] Denn er beruft sich im Schreiben an die Juden von Genua auf die kaiserlichen Gesetze.[38] Damit muss er seine eigene Verfügung im *Edictum Theoderici* gemeint haben, die den Juden ausdrücklich die Gewährleistung ihrer Privilegien zusichert, die ihrerseits in „Gesetzen" festgeschrieben sind.[39] Das Recht, welches Theoderich hier anwendet, entspricht ziemlich genau der theodosianischen Regelung von 438.

---

[31] Noethlichs, 1996, S. 101-103. Das Verhältnis von Rechtsnorm und Rechtswirklichkeit ist dabei auch zu berücksichtigen. Siehe Stemberger, Günter: Juden und Christen im spätantiken Palästina, Berlin 2007.
[32] Cod. Theod. XVI, 8, 20; Cod. Theod. XVI, 8, 22.
[33] Noethlichs, 2001, S. 135.
[34] Nov. 3, 1-3; Noethlichs, 2001, S. 140. Für weiterführende Informationen zu den Theodosianischen Novellen siehe Pharr, Clyde: The Theodosian code and Novels and the Sirmondian constitutions. New York 1969 (Nachdruck: Princeton 1952) (The corpus of Roman Law).
[35] Vgl. Brennecke, 2020, S. 169.
[36] Vgl. Noethlichs, 2001, S. 93-94.
[37] Brennecke, 2020, S. 171; Ubl, 2020, S. 228-231; Wiemer, 2018, S. 534.
[38] Cassiod. Var. II, 27, 1.
[39] Ed. Theod. 143; Noethlichs, 2001, S. 145. Das Edictum Theoderici wird weithin Theoderich und dem Ostgotenreich zugeordnet, dies kann aber nicht mit abschließender Sicherheit geklärt werden. Brennecke, 2000, S. 144.

Auffällig erscheint beim Vergleich der theodosianischen Gesetzgebung mit dem in dieser Analyse zentralen Brief an die Juden von Genua die Erklärung in §2 der 3. Novelle, dass den Juden die römische Rechtsprechung aufgrund ihrer nicht-christlichen Religion nicht zu stehe.[40] Denn Theoderich, der Theodosius' Einschränkungen der baulichen Veränderung von Synagogen zumindest teilweise übernommen hat, begründet sein Zugeständnis in der Quelle mit der eben dieser Rechtsprechung, die es ihm erlaube das römische Recht auf sie anzuwenden („Gerechtes").[41] Theoderich verhält sich damit anders als sein Vorgänger. Brennecke vertritt den Ansatz, Theoderich handelte hierbei in der Absicht, die byzantinische Judenpolitik, die sich zu Ungunsten der Juden entwickelte, zu kritisieren. Der Grund dafür sei seine Ambition, die Tradition der römischen Gesetzgebung wiederzubeleben.[42] Über ersteres gibt die Quellenlage keine eindeutige Auskunft. Die mögliche Motivation Theoderichs, das römische Recht und die Ordnung wiederherzustellen bzw. weiterzuführen wird im Folgenden Kapitel untersucht.

3.2 Theoderichs spezifische Haltung gegenüber den Juden

Nachdem die gesetzliche Ausgangslage nun geklärt ist, kann der Versuch unternommen werden, Theoderichs persönliche Haltung gegenüber den Juden in seinem Reich anhand der Quelle zu erklären. In der Forschung werden verschiedene Hintergründe seines Verhaltens gegenüber den Juden diskutiert, welche auch durchaus ineinandergreifen können.

Zuerst soll die Religionszugehörigkeit von Theoderich zum „homöischen Arianismus" als zugrundeliegender Faktor untersucht werden.[43] Der unbekannte, antike Autor der Quelle *Anonymus Valesianus* fand, dass die Juden von den Ostgoten begünstigt werden und begründete dies mit ihrem arianischen Glauben.[44] Der Judaismus-Vorwurf gegenüber dem Homöer rührte aus katholischer Polemik gegen die Juden und Homöer, da beide als Angehörige „falschen Glaubens" galten.[45] Moorhead und Schäfer werfen die Frage auf, ob nicht diese gemeinsame Situation als religiöse Randgruppe Theoderich dazu bewegt haben könne, die Juden aus Solidarität

---

[40] Cass. Var. II, 27, 1; Nov. 3, 2; Noethlichs, 2001, S.141.
[41] Cassiod. Var. II, 27, 1, übersetzt von Dinzelbacher 2010, S. 137.
[42] Vgl. Brennecke, 2000, S. 144.
[43] Arianismus ist der von den zeitgenössischen Gegnern verwendete Begriff, aber der moderne wissenschaftliche Begriff ist „Homöer", weshalb dieser im Folgenden verwendet wird. Brennecke, 2020, S. 155-156. In diesem Werk finden sich weitere Informationen zum Arianismus.
[44] Anon. Vales. II, 94.
[45] Brennecke, 2000, S. 146. Die Homöer wiesen jedoch zu diesem Zeitpunkt keine dogmatischen Gemeinsamkeiten mit den Juden auf. Siehe Ebd.

zu unterstützen.[46] Brennecke hingegen distanziert sich von diesem Ansatz, wenngleich auch er bei Theoderich judenfreundliche Politik sieht.[47] Die Theorie, Theoderich habe die Juden aus solidarischen Gründen besonders behandelt, scheint deshalb ein eher fragiler Ansatz zu sein. Denn für diese Behauptung sind nicht ausreichend Belege vorhanden, die zu einer ausgewogenen Einschätzung der Lage verhelfen können.

In der Quelle erscheint Theoderich als strenggläubig, denn er gibt dem Gesuch der Juden, ihre Synagoge neu zu bedachen, nur missbilligend statt und dies offensichtlich aufgrund des „falschen Glaubens" der Juden.[48] An dieser Stelle wird seine religiöse Sicht auf die Juden deutlich, da er sich klar von ihnen distanziert.[49] Ob er sie aus der Perspektive eines gläubigen Homöers, oder aus der eines Vertreters der katholischen Kirche so einordnet, kann aus der Quelle nicht entnommen werden.[50] Die Ablehnung der Andersgläubigkeit der Juden stellt einen Gegensatz zum vorherigen Gesichtspunkt dar.

Einige Historiker wiesen außerdem auf die Besonderheit des konfessionellen Gegensatzes zwischen König Theoderich und der Mehrheit seiner Beherrschten im Zusammenhang mit Theoderichs Judenpolitik hin. Es sei für ihn als Homöer, und damit aus der Sicht der Römer im Grunde ein Häretiker, heikel gewesen, die Juden zu schützen. Denn damit hätte er sich um die Gunst der katholischen Kirche und der katholischen Bevölkerung bringen können.[51] Dies wird auch durch die Ablehnung der Judenpolitik Theoderichs vom antiken Autor der *Anonymus Valesianus* widergespiegelt, der sich klar als Verfechter des katholischen Glaubens sieht.[52] Dass Theoderich sich in dieser Thematik anders verhält, als es von ihm erwartet wird, spricht für eine positive Positionierung gegenüber den Juden seinerseits.

Zusammenfassend lässt sich sagen, dass die Religionszugehörigkeit Theoderichs als Erklärungsansatz für seine Reaktion auf das Gesuch der Juden von Genua ein wichtiges Element in

---

[46] Vgl. Moorhead, 1992, S.100; Schäfer, Christoph: Probleme einer multikulturellen Gesellschaft. Zur Integrationspolitik im Ostgotenreich. In: Klio 83,1 (2001), S. 182-197, URL: https://www.degruyter.com/document/doi/10.1524/klio.2001.83.1.182/html (Aufruf am 18.02.2021), S. 192.
[47] Vgl. Brennecke, 2020, S. 157.
[48] Cassiod.Var. II, 27, 2.
[49] Noethlichs, 2001, S. 40; Brennecke, 2020, S. 171.
[50] Theoderich trat als Schutzherr der Kirche auf, vermutlich, da er ein sich selbst als christlicher Herrscher in der Nachfolge der christlichen Kaiser sah und auch ein sakrales Herrschaftsverständnis hatte. Brennecke, 2000, S. 133-137; Schäfer, 2001, S. 182-197.
[51] Brennecke, 2020, S. 169-170; Moorhead, 1992, S. 100; Schäfer, 2001, S. 94; Wiemer, Hans-Ulrich: Theoderich der Große. München 2018, S. 536.
[52] Brennecke, 2020, S. 169-70.

der Gesamterklärung darstellt. Jedoch lässt sich nicht mit abschließender Sicherheit ein Zusammenhang herstellen.

Der letzte Satz des Briefes an die Juden von Genua, man könne niemanden zu einem bestimmten Glauben zwingen, und werde daher auch keine Religion verordnen,[53] spricht, für sich genommen, für eine neutrale Haltung Theoderichs gegenüber fremden Religionen. Die Annahme, dass man niemanden zum Glauben zwingen kann, entspricht zwar der ostgotischen Vorstellung.[54] Doch Theoderich war bekanntlich in Konstantinopel unter römischem Einfluss aufgewachsen. Es ist daher eher unwahrscheinlich, dass seine ostgotische Herkunft großen Einfluss auf die Gestaltung seiner Judenpolitik hatte.[55] Die im Allgemeinen in der Forschung als tolerant eingestufte Politik Theoderichs ist ein Ansatz,[56] welcher nur bedingt zur Erklärung von Theoderichs Judenpolitik geeignet ist. Zwar hat der Ostgotenherrscher eine den Andersgläubigen gegenüber tolerante Politik geführt,[57] und zeigt in den Quellen durchaus judenfreundliche Züge.[58] Doch das Konzept von religiöser Toleranz aus der Neuzeit lässt sich nicht auf das Verhalten Theoderichs bei seiner Reaktion auf das Gesuch der Juden von Genua übertragen.[59] Damit ist die Theorie, nach der Theoderich den Juden gegenüber tolerant war, als möglicher Hintergrund für die Gestattung des Synagogen-Wiederaufbaus nicht vollends auszuschließen, aber die Quelle gibt nicht ausdrücklich her, dass Theoderich die Juden trotz und mit ihrer „falschen Religion" tolerierte.

Zentrales Merkmal im Brief an die Juden von Genua ist die Wiederholung des Wortes Gesetz bzw. Wörtern aus demselben Themenkreis.[60] Sie finden zahlreiche Male Erwähnung, was in den von Theoderich zeugenden Quellen öfter zu finden ist. So verkündete Theoderich dem römischen Senat sein Regierungsziel, nämlich den Anspruch, eine Re-Romanisierung in Italien einzuleiten. Die Zeitgenossen Cassiodor und Ennodius berichteten ebenfalls von der Wiederherstellung der römischen Ordnung unter Theoderich,[61] die sich nicht nur auf intellektuelle Errungenschaften wie das Rechtsgut bezog, sondern auch im Zuge eines restaurativen Wiederaufbauprogramms in Rom sichtbar werden sollte. Auch der gegenüber Theoderich kritischer

---

[53] Cassiod. Var. II, 27, 2.
[54] Heerklotz, Alexander T.: Die Variae des Cassiodorus Senator als kulturgeschichtliche Quelle. Heidelberg 1926, S. 35.
[55] Ensslin, Wilhelm: Theoderich der Große. München² 1959, S. 13.
[56] Arnold, 2014, S. 74.
[57] Brennecke, 2000, S.141.
[58] Brennecke, 2000, S. 145.
[59] Ebd., S. 142; Moorhead, 1992, S.100.
[60] Cassiod. Var. II, 27.
[61] Für weiterführende Informationen zu Ennodius siehe Goltz 2008.

eingestellte, unbekannte antike Autor der Quelle *Anonymus Valesianus* bestätigte diese Angaben.[62] In der aktuellen Forschung wird diese Überlieferung als plausibel eingeschätzt.[63] Theoderichs idealisierte die alten Zustände der vorherrschenden Rechtsstaatlichkeit im Reich, er wollte wohl die „civilitas" zur Norm römischen Verhaltens machen,[64] wozu das Festhalten an Recht und Ordnung unerlässlich war.[65] Dies ging mit der ihm zugeschriebenen Vorstellung Theoderichs, in der imperialen Tradition der römischen Kaiser zu stehen, einher.[66] Rückt man nun Theoderichs Reaktion auf das Gesuch der Juden von Genua in den Kontext dieses Herrschaftskonzeptes von Theoderich, so lässt sich sein Verhalten zum Teil erklären. Die den Juden in dieser Situation entgegengebrachten Rechte und Privilegien resultierten vermutlich in erster Linie aus dem Streben Theoderichs, die Rechtskontinuität zu wahren.[67] Denn das Rechtsstaatsprinzip der civilitas entspricht dem Verhalten Theoderichs gegenüber den Juden in der Quelle, ihnen Rechtsprechung zuzugestehen. Dies diente der Wahrung der inneren Ordnung im Reich. Es ist daher zu schlussfolgern, dass Theoderich den Juden die Reparatur der Synagoge hauptsächlich zum Zweck der Einhaltung der Rechtskontinuität in Tradition der Prinzipatszeit genehmigte. Auch der letzte Satz, in dem Theoderich verkündet, dass man eine Religion nicht befehlen kann, ist damit zu begründen. Für Theoderichs Judenpolitik scheint die strikte Orientierung am Rechtsstaatsprinzip nach altem Vorbild vorrangig gewesen zu sein.[68] Darüber hinaus ist es durchaus möglich, dass Theoderich andere oder zusätzliche Motive für sein Verhalten hatte. Diese hypothetisch existierenden Motive können jedoch auf Grund der lückenhaften Quellenlage nicht rekonstruiert werden und bleiben deshalb spekulativ.

4 Fazit

Zusammenfassend lässt sich festhalten, dass auf die Frage, weshalb Theoderich auf das Gesuch der Juden von Genua so reagierte, wie es dem Brief zu entnehmen ist, keine eindeutige Antwort gegeben werden kann.

---

[62] Anon. Vales. II, 70-72; Brennecke, 2000, S. 140.
[63] Arnold, 2014, S. 298.
[64] Ich beziehe mich beim Begriff „civilitas" auf die Definition von Wolfram: „Das auf den Gesetzen beruhende, soziale, rechtliche und wirtschaftliche Zusammenleben von Römern und Fremden." Wolfram, Herwig: Die Goten. Von den Anfängen bis zur Mitte des 6. Jahrhunderts. München³ 1990, S. 295.
[65] Arnold, 2014, S. 128-132. Goltz, 2008, S. 352.
[66] Brennecke, 2000, S. 138-141.
[67] Brennecke, 2020, S. 172.
[68] Brennecke, 2000, S. 141-142.

Allerdings sollte deutlich geworden sein, dass im Zuge der Erklärung der Religionspolitik Theoderichs bereits einige Ansätze in der Forschung diskutiert werden, die sich gegenseitig nicht notwendigerweise ausschließen müssen.

Diese wurden in dieser Arbeit vorgestellt. Dafür ist zunächst eine Quellenproblematisierung vorgenommen und die Verbindung zwischen dem antiken Autor Cassiodor und König Theoderich aufgezeigt worden. Im Rahmen der Analyse wurde dann zunächst der Gesetzgebungsprozess der Gesetze für Juden dargestellt, um den Handlungshorizont Theoderichs besser zu erfassen. Im zweiten Schritt wurden, darauf aufzubauend, mögliche Hintergründe für Theoderichs Verhalten vorgestellt. Dabei wurde die eigene Religionszugehörigkeit Theoderichs zu den Homöern thematisiert, und in den Zusammenhang mit seiner Behandlung der Juden gebracht. Anschließend wurde die in der Forschung als Toleranz interpretierte Haltung Theoderichs gegenüber den Juden kritisch beurteilt. Zum Schluss wurde das Regierungsprogramm Theoderichs als möglicher Grund für seine Judenpolitik untersucht. Das Ergebnis ist, dass die Besinnung Theoderichs auf die imperiale Tradition und die damit einhergehende römische Rechtsstaatlichkeit als Grund für die Gestattung des Gesuchs der Juden von Genua plausibel zu sein scheint. Die Rolle der Religionszugehörigkeit Theoderichs zum Homöismus als Einflussfaktor auf die Art und Weise von Theoderichs Judenpolitik ist nicht abschließend zu bestimmen, denn es gibt Argumente die dafür und dagegen sprechen, dass diese religiöse Einstellung sein Handeln hierbei beeinflusst hat. Für eine Toleranz gegenüber den Juden nach heutigem Verständnis gibt es keine Belege. Daher kann ebenso wenig ausgeschlossen wie bestätigt werden, dass Theoderich Handeln gegenüber den Juden ein religiöser Toleranzakt war.

Quellen und Literatur

Quellen

ACTA SYNHODORUM HABITARUM ROMAE. A. CCCCXVIIII.DI.DII, Hrsg. Von Theodor Mommsen. Berlin 1894 (MGH, AA 12).

ANONYMUS VALESIANUS II, Hrsg. und übersetzt von König, Ingemar: Aus der Zeit Theoderichs des Großen. Einleitung, Text, Übersetzung und Kommentar einer anonymen Quelle. Darmstadt 1997 (Texte zur Forschung 69).

CASSIODORUS, FL. MAGNUS AURELIUS: Variae II, Eingeleitet, übersetzt und kommentiert von Peter Dinzelbacher; Janus, Ludwig (Hrsg. u. Teilübers.): Briefe des Ostgotenkönigs Theoderich der Große und seiner Nachfolger. Aus den „Variae" des Cassiodor. Heidelberg 2010.

CODEX THEODOSIANUS XVI, Übersetzung, Kommentar, Glosse und Bibliographie von Pharr, Clyde: The Theodosian code and Novels and the Sirmondian constitutions. New York 1969 (Nachdruck: Princeton 1952) (The corpus of Roman Law).

EDICTUM THEODERICI REGIS, Lat.-dt. Überezung. Mit Einleitung und Kommentar von König, Ingemar: Edictum Theoderici regis. Das „Gesetzbuch" des Ostgotenkönigs Theoderich des Großen. Darmstadt 2018 (Texte zur Forschung 112).

ENNODIUS, MAGNUS FELIX: Panegyricus Theoderico regi dictus, Hrsg. und übersetzt von Christian Rohr: Der Theoderich Panegyricus des Ennodius. Hannover 1995 (MGH Studien und Texte 12).

EPISTULAE THEODERICIANAE VARIAE. Hrsg. von Theodor Mommsen. Berlin: 1894 (MGH, AA 12).

JORDANES: Getica, übersetzt v. Wilhelm Martens, Leipzig 1913.

LEGES NOVELLAE, Übersetzung, Kommentar, Glosse und Bibliographie von Pharr, Clyde: The Theodosian code and Novels and the Sirmondian constitutions. New York 1969 (Nachdruck: Princeton 1952) (The corpus of Roman Law).

Literatur

Arnold, Jonathan J.: Theoderic and the Roman Imperial Restoration. New York 2014.

Barnish, Samuel J.: Cassiodorus. Variae. Liverpool 1992.

Bjornlie, Michael S.: Politics and tradition between Rome, Ravenna and Constantinople. A study of Cassiodorus and the Variae 527-554. Cambridge 2013 (Cambridge studies in medieval life and thought 89).

Brandt, Hartwin: Das Ende der Antike. Geschichte des spätrömischen Reichs. München[5] 2017 (Beck'sche Reihe 2151).

Brennecke, Hanns C.: Imitatio-reparatio-continuatio. Die Judengesetzgebung im Ostgotenreich Theoderichs des Großen als reparatio imperii?. In: ZAC 4,1 (2000), S. 133-148, URL: https://www.degruyter.com/document/doi/10.1515/zach.2000.4.1.133/html (Aufruf am 18.02.2021).

Brennecke, Hanns C.: Ipse Haereticus favens Judaeis. Homöer und Juden als religiöse Minderheiten im Ostgotenreich. In: Theoderich der Große und das gotische Königreich in Italien. Hrsg. von Wiemer, Hans-Ulrich. Berlin, Boston 2020 (Schriften des Historischen Kollegs. Kolloquien, 102), S. 155-174.

Campbell, John B. [u.a.]: s.v. praefectus praetorio. In: OCD[4] (2012), URL: https://www.oxfordreference.com/view/10.1093/acref/9780199545568.001.0001/acref-9780199545568-e-5298 (Aufruf am 18.02.2021).

Ensslin, Wilhelm: Theoderich der Große. München[2] 1959.

Gatzka, Friederike: Cassiodor, Variae 6. Einführung, Übersetzung und Kommentar. Berlin 2019 (Untersuchungen zur antiken Literatur und Geschichte 132).

Gizewski, Christian: s.v. cursus honorum. In: DNP 3 (1997) Sp. 243-245.

Goltz, Andreas: Barbar-König-Tyrann. Das Bild Theoderichs des Großen in der Überlieferung des 5. Bis 9. Jahrhunderts. Berlin 2008 (Millennium-Studien 12).

Gruber, Joachim: Rezension zu: Goltz, Andreas: Barbar - König - Tyrann. Das Bild Theoderichs des Großen in der Überlieferung des 5. bis 9. Jahrhunderts. Berlin 2008. In: Plekos (2009). URL: https://www.propylaeum.de/recensio-antiquitatis/rezensionen/zeitschriften/plekos/11-2009/ReviewMonograph554354175 (Aufruf am 19.02.2021).

Heerklotz, Alexander T.: Die Variae des Cassiodorus Senator als kulturgeschichtliche Quelle. Heidelberg 1926.

Jones, Arnold H. [u.a.]: s.v. magister officiorum. In: OCD[4] (2012), URL: https://www.oxford-reference.com/view/10.1093/acref/9780199545568.001.0001/acref-9780199545568-e-3870 (Aufruf am 18.02.2021).

Kakridi, Christina: Cassiodors Variae. Literatur und Politik im ostgotischen Italien. München 2005 (Beiträge zur Altertumskunde 223).

Moorhead, John: Theoderic in Italy. Oxford 1992.

Noethlichs, Karl L.: Das Judentum und der römische Staat. Minderheitenpolitik im antiken Rom. Darmstadt 1996.

Noethlichs, Karl L.: Die Juden im christlichen Imperium Romanum. 4. – 6. Jahrhundert. Berlin 2001 (Studienbücher Geschichte und Kultur der Alten Welt).

O'Donnell. James J.: Cassiodorus. Berkeley [u.a.] 1979.

Pharr, Clyde: The Theodosian code and Novels and the Sirmondian constitutions. New York 1969 (Nachdruck: Princeton 1952) (The corpus of Roman Law).

Pohl, Walter: Gotische Identitäten. In: Theoderich der Große und das gotische Königreich in Italien. Hrsg. von Wiemer, Hans-Ulrich. Berlin, Boston 2020 (Schriften des Historischen Kollegs. Kolloquien, 102), S. 315-399.

Schäfer, Christoph: Probleme einer multikulturellen Gesellschaft. Zur Integrationspolitik im Ostgotenreich. In: Klio 83,1 (2001), S. 182-197, URL: https://www.degruyter.com/document/doi/10.1524/klio.2001.83.1.182/html (Aufruf am 18.02.2021).

Stemberger, Günter: Juden und Christen im spätantiken Palästina, Berlin 2007.

Wiemer, Hans-Ulrich: Theoderich der Große. München 2018.

Wolfram, Herwig: Die Goten. Von den Anfängen bis zur Mitte des 6. Jahrhunderts. München[3] 1990.